Rossana Bossù

Wie groß
ist ein Elefant?

1
EISBÄR
IST KLEINER
ALS EIN

DU BRAUCHST
7 EISBÄREN FÜR
DIE GRÖSSE
EINES ELEFANTEN

1
LÖWE
IST KLEINER
ALS EIN

DU BRAUCHST 4 LÖWEN
FÜR DIE GRÖSSE EINES EISBÄREN

1

ALLIGATOR
IST KLEINER
ALS EIN

DU BRAUCHST **3** ALLIGATOREN
FÜR DIE GRÖSSE EINES LÖWEN

1

KAISERPINGUIN
IST KLEINER
ALS EIN

DU BRAUCHST

5 KAISERPINGUINE

FÜR DIE GRÖSSE EINES ALLIGATORS

1

LEMUR
IST KLEINER
ALS EIN

DU BRAUCHST
10 LEMUREN
FÜR DIE GRÖSSE
EINES KAISER-
PINGUINS

1
FLOH
IST KLEINER
ALS EIN

DU BRAUCHST
1.127.003
FLÖHE
FÜR DIE GRÖSSE
EINES LEMUREN

ES HEISST, DU BIST GROSS WIE EIN ELEFANT
ODER KLEIN WIE EIN FLOH ...

... ABER ES GIBT
EIN TIER, DAS NOCH
VIEL, VIEL GRÖSSER IST
ALS EIN ELEFANT!

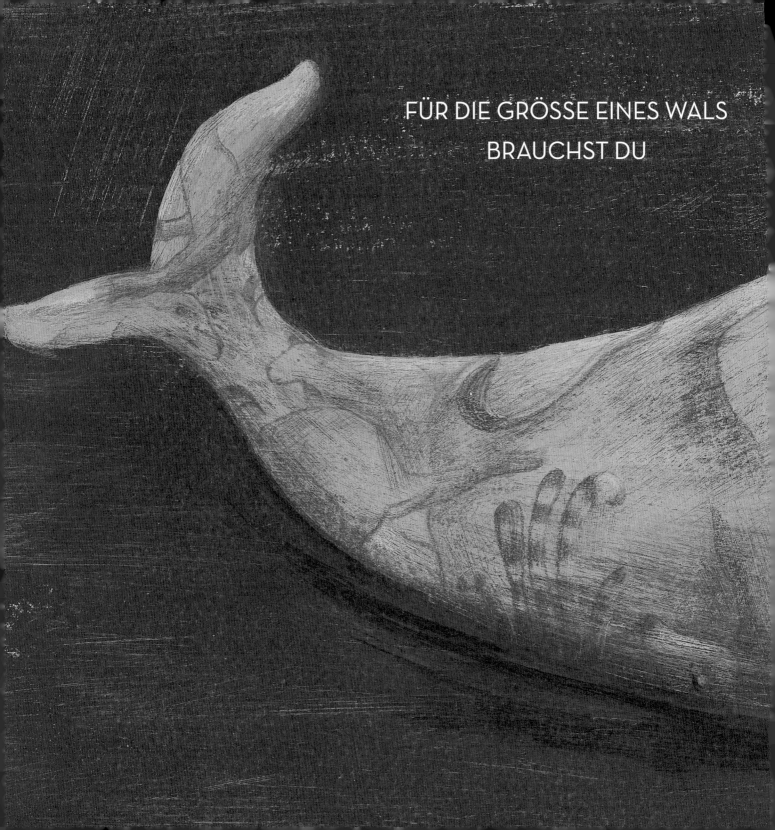

FÜR DIE GRÖSSE EINES WALS

BRAUCHST DU

7 ELEFANTEN, 6 EISBÄREN, 2 LÖWEN, 4 ALLIGATOREN, 9 KAISERPINGUINE, 10 LEMUREN UND 1 FLOH